AF314179

BULLETIN OFFICIEL

DE

L'ILE DE LA RÉUNION.

(N° 56.)

NOVEMBRE 1862.

N° 1267. — *DÉPÊCHE ministérielle portant nomination définitive de M. Delagrange à un emploi de sous-chef de bureau à la Direction de l'intérieur, en remplacement de M. Girard, nommé percepteur à Saint-Benoît. — Renvoi avec observation d'une protestation de M. Azéma.*

Paris, le 30 Janvier 1862.

Monsieur le Gouverneur,

Par lettre du 5 décembre dernier, n° 754, vous me faites connaître que M. Girard, que vous aviez proposé d'appeler à un emploi de sous-chef de bureau à la Direction de l'intérieur, a été nommé, sur sa demande, percepteur à Saint-Benoît.

Vous ajoutez que, par un arrêté du 29 novembre précédent, vous avez remplacé provisoirement M. Girard, dans le grade de sous-chef de bureau, par M. Frédéric Delagrange, depuis peu maître répétiteur au Lycée de la Colonie, et qui a été employé pendant 15 ans au Ministère des finances, où il parait avoir rendu de très bons services. Dans cette situation, vous exprimiez le désir qu'il soit confirmé dans l'emploi auquel vous avez appelé.

D'après les excellents témoignages fournis sur le compte de ce candidat, je n'hésite pas à le nommer définitivement sous-chef de bureau de 1re classe à la Direction de l'intérieur, en remplacement de M. Girard, dont la commission vous a été transmise par une dépêche ministérielle du 8 novembre, qui s'est croisée avec votre lettre relative à M. Delagrange. Je joins ici la commission qui est destinée à ce dernier fonctionnaire.

Avant la réception de cette lettre, M. Azéma, sous-chef de bureau à la Direction de l'intérieur, m'avait fait parvenir directement une protestation ayant pour objet d'établir que M. Delagrange ne pourrait légalement, d'après le texte de l'article 7 du décret du 23 décembre 1857, être appelé qu'à un emploi de commis.

Cette opinion est évidemment erronée : en effet, malgré la rédaction défectueuse de l'article en question, on ne peut logiquement que lui donner l'interprétation suivante :

Si le candidat à un emploi dans la Direction de l'intérieur est bachelier ès-lettres, licencié en droit, ou s'il appartient déjà à un service public, il est dispensé de la condition d'examen dont il est question au 1er paragraphe de l'article 7 précité ; d'un autre côté, s'il est bachelier, il peut être admis *de plano* à la première ou à la 2e classe d'écrivain ; s'il est licencié en droit, il peut être nommé commis, et enfin, s'il appartenait déjà à un service public, il peut être appelé immédiatement, dans le service de la Direction de l'intérieur, à une position correspondante à celle qu'il occupait antérieurement, soit à un emploi de sous-chef de bureau, de chef et même de secrétaire général.

Telle est la gradation logique qui ressort de l'ensemble du texte, sainement interprété, du 2e § de l'article 7 du décret du 23 décembre 1857.

Je vous renvoie, ci-joint, la protestation de M. Azéma avec invitation de lui faire remarquer qu'elle aurait dû me parvenir par votre intermédiaire.

Le Ministre de la Marine et des colonies.

Comte P. DE CHASSELOUP-LAUBAT.

Pour copie conforme:

Le Directeur de l'Intérieur,

CH. DE LAGRANGE.

N° 1268. — *ARRÊTÉ qui promulgue dans la Colonie le décret du 12 février dernier.*

Du 27 Novembre 1862.

NOUS GOUVERNEUR DE L'ILE DE LA RÉUNION,

Vu l'article 9, § 2, du sénatus-consulte du 3 mai 1854;

Vu l'article 63 de l'ordonnance organique du 21 août 1825;

Vu la dépêche ministérielle du 26 février dernier, n° 69,

Ensemble le décret impérial du 12 du même mois;

Vu l'arrivée dans la Colonie de M. le conseiller de Ligonier;

Sur le rapport du Procureur général,

AVONS ARRÊTÉ ET ARRÊTONS ce qui suit:

Art. 1er. Est promulgué dans la Colonie le décret impérial du 12 février dernier qui nomme M. de Ligonier conseiller à la Cour impériale de la Réunion.

2. Le Procureur général est chargé de l'exécution du présent arrêté, qui sera lu, publié et enregistré partout où besoin sera.

Fait à Saint-Denis, le 27 novembre 1862.

Baron DARRICAU.

Par le Gouverneur:

Le Procureur Général,

JUSTIN BERET.

Enregistré à la Cour Impériale le 28 novembre 1862.

Décret

NAPOLÉON, par la grâce de Dieu et la volonté nationale, Empereur des Français, à tous présents et à venir salut :

Sur le rapport de notre Ministre Secrétaire d'État au Département de la Marine et des colonies et de notre Garde des Sceaux, Ministre Secrétaire d'État au Département de la Justice,

Avons décrété et décrétons ce qui suit :

Art. 1er. Sont nommés :

Conseiller à la Cour impériale de la Réunion M. de Ligonier, juge impérial au Tribunal de 1re instance de Cayenne, en remplacement de M. Habasque, nommé sur sa demande juge impérial au Tribunal de 1re instance de Cayenne ;

. . . .

Art. 2. Notre Ministre Secrétaire d'État de la Marine et des colonies et notre Garde des Sceaux, Ministre Secrétaire d'État de la Justice, sont chargés, chacun en ce qui le concerne, de l'exécution du présent décret.

Fait à Paris, le 12 février 1862.

NAPOLÉON.

Par l'Empereur :

Le Ministre Secrétaire d'État de la Marine et des colonies,

Comte P. DE CHASSELOUP-LAUBAT.

Le Garde des Sceaux, Ministre Secrétaire d'État de la Justice,

DELANGLE.

Pour extrait conforme :

Le Conseiller d'État, Directeur des colonies,

DE ROUJOUX.

Vu pour l'enregistrement à la Cour Impériale :

Le Gouverneur,

Baron DARRICAU.

Par le Gouverneur :

Le Procureur Général,

JUSTIN BERET.

N° 1269. — *EXTRAIT d'une dépêche ministérielle portant approbation des décisions prises par le Commandant de Mayotte et dépendances pour rejeter la réclamation de M. X, capitaine d'infanterie, en vue de conserver son indemnité de logement quoique logé dans un bâtiment public.*

Paris, le 26 Août 1862.

Monsieur le Commandant..........

....

Par la même lettre vous m'avez également transmis une réclamation du capitaine X, commandant des troupes, demandant que l'on continue à lui payer en argent son indemnité de logement quoique logé en nature. M. X a cru pouvoir refuser d'obtempérer à une première décision en alléguant qu'il a le droit, au moyen de son indemnité de logement et d'ameublement, de se loger où bon lui semble et spécialement dans une partie du local affecté au service de la place, ce qui, selon lui, ne lui retirerait pas le droit à une indemnité en nature. Le refus de cet officier n'est pas admissible. Un officier à qui le logement en nature est offert n'a pas le droit de le refuser pour réclamer l'indemnité en argent. Il ne peut pas davantage établir son logement particulier dans une pièce ou un logement affecté à un service public.

J'approuve donc complètement la décision par laquelle vous avez passé outre...............
.... La présente dépêche sera enregistrée au Contrôle.

Recevez, etc.

Le Ministre de la Marine et des colonies.
Comte P. DE CHASSELOUP-LAUBAT.

N° 1270. — *CIRCULAIRE ministérielle portant recommandations au sujet du remboursement du montant des cessions faites par la Direction d'Artillerie coloniale à des services étrangers.*

Paris, le 11 Octobre 1862.

Monsieur le Gouverneur,

Les crédits compris au budget du service colonial pour les travaux de l'artillerie dans nos possessions d'outre-mer, doivent être exclusivement appliqués à des dépenses concernant ce service. Il suit de là que le prix des transports et des travaux exécutés pour le compte des services étrangers, tels que troupes de la marine, équipages et bâtiments de la flotte, génie militaire, ponts-et-chaussées, etc., et que les objets de matériel et d'approvisionnement qui leur seraient cédés, en un mot que toutes les dépenses faites par les directions d'artillerie coloniales en dehors de leur service propre, doivent faire l'objet de remboursement à leur profit. Ces opérations doivent être opérées assez à temps, pour que les remboursements puissent venir en atténuation des dépenses de l'exercice pendant lequel les cessions ont été opérées.

J'ai l'honneur de vous prier de vouloir bien donner les ordres les plus formels dans ce sens, et de prescrire, en même temps, que toutes les opérations ci-dessus énoncées soient clairement indiquées dans les comptes du service de l'Artillerie, afin que la vérification en soit faite, lors de l'examen de cette comptabilité, par l'Inspection générale de l'Artillerie de Marine.

Vous voudrez bien m'accuser réception de la présente circulaire et m'informer des mesures que vous aurez prises pour assurer l'exécution des ordres qui y sont contenus.

Recevez, etc.

Le Ministre Secrétaire d'Etat de la Marine et des colonies,

Pour le Ministre et par son ordre:

Le Conseiller d'État, Directeur du Personnel,

LAYRLE.

N° 1271. — *ARRÊTÉ qui accorde une gratification mensuelle de 60 francs aux surveillants et et agents des divers ateliers des Ponts-et-Chaussées.*

Du 13 Février 1858.

NOUS GOUVERNEUR DE L'ILE DE LA RÉUNION,

Vu l'article 9 du sénatus-consulte en date du 3 mai 1854, réglant la constitution des colonies de la Martinique, de la Guadeloupe et de la Réunion;

Vu l'article 29 de l'arrêté du 26 mars 1851 concernant les ateliers pour l'exécution des travaux publics;

Considérant que dans l'intérêt des travaux il convient d'accorder des gratifications mensuelles facultatives aux surveillants et agents des divers ateliers étrangers aux Ponts-et-Chaussées et qui sont employés temporairement par ce service, afin de stimuler leur zèle et leur activité;

Sur le rapport du Directeur de l'intérieur,

Le Conseil privé entendu,

AVONS ARRÊTÉ ET ARRÊTONS:

Art. 1er. Une gratification mensuelle facultative dont le maximum sera de 60 francs par mois pourra être accordée par la Direction des Ponts-et-Chaussées aux surveillants et agents des divers ateliers qu'elle emploiera sur ses travaux, qui auront fait preuve de zèle et d'activité pendant tout le mois.

2. Le Directeur de l'intérieur est chargé de l'exécution du présent arrêté, qui sera enregistré partout où besoin sera et déposé au Contrôle colonial.

Saint-Denis, le 15 février 1858.

A. LEFÈVRE.

Par le Gouverneur:

Le Directeur de l'Intérieur,

ED. MANÈS.

Pour copie conforme :

Le Directeur de l'Interieur.

CH. DE LAGRANGE.

N° 1272. — *ARRÊTÉ qui interdit la chasse des oiseaux et qui détermine la durée annuelle de la chasse du gros gibier.*

Du 8 Juillet 1862.

NOUS GOUVERNEUR DE L'ILE DE LA RÉUNION ,

Vu l'article 9, § 2, du sénatus-consulte du 3 mai 1854 ;

Vu le décret colonial du 2 juillet 1859 et l'arrêté du 14 mars 1849 concernant la chasse ;

Vu le vœu émis par le Conseil général dans la séance du 25 décembre 1861 ;

Considérant que des espèces d'oiseaux fort utiles tendent à disparaître de la colonie ;

Que la protection due aux récoltes plus que jamais menacées par l'invasion d'insectes nuisibles, exige momentanément la prohibition absolue de la chasse des oiseaux ;

Qu'il importe également de restreindre dans de justes limites la durée du temps pendant lequel la chasse, autre que celle des oiseaux, est permise;

Sur la proposition du Procureur général et du Directeur de l'intérieur,

Le Conseil privé entendu,

Avons arrêté et arrêtons ce qui suit:

Art. 1er. La chasse des oiseaux est interdite pendant cinq ans.

Cette prohibition est générale et absolue: elle s'applique, dans toute l'étendue de la colonie, à tous les oiseaux, ceux du pays et ceux de passage, quels que soient les moyens et procédés de chasse, de destruction ou de capture. Elle s'étend également à la destruction ou au déplacement des nids, des œufs et couvées.

2. Pendant toute la durée de la dite prohibition, il est interdit de mettre en vente, d'acheter, de vendre, de transporter et de colporter des oiseaux vivants ou non.

3. Toute infraction aux deux précédents articles sera constatée, soit par des procès-verbaux ou rapports, soit par témoins à défaut de procès-verbaux ou rapports, ou à leur appui.

Les procès-verbaux des maires et adjoints, commissaires de police, officiers, maréchaux des logis, brigadiers de gendarmerie, gendarmes, agents de police, gardes champêtres ou gardes assermentés des particuliers, font foi jusqu'à preuve contraire.

4. La recherche du gibier que le présent arrêté a pour objet de protéger, ne pourra être faite à domicile que chez les aubergistes, chez les marchands de comestibles et dans les lieux ouverts au public.

5. Toute contravention aux dispositions du présent arrêté sera punie de trois à dix jours

d'emprisonnement et de 25 à 50 francs d'amende.

Si le fait a eu lieu sur le terrain d'autrui ou à l'aide de glu, de filets, d'oiseaux appelants, ou de tous autres moyens quelconques de destruction ou de capture, la peine sera de dix à quinze jours d'emprisonnement et de 50 à 100 francs d'amende.

6. Il sera procédé sans délai, par les soins du commissaire de police dans la commune ou section de commune duquel la contravention aura été commise et sur la présentation du procès-verbal régulier ou après audition du rapport qui l'établit, à la vente publique du gibier saisi, pour le produit en être versé à la caisse du receveur communal.

7. La confiscation des armes, instruments ou matières qui auront servi à commettre la contravention, sera toujours prononcée.

8. Une gratification de dix francs sera accordée aux gendarmes et aux gardes rédacteurs des procès-verbaux ou auteurs des rapports ayant pour objet de constater les infractions au présent arrêté.

Cette gratification sera prélevée sur le produit des amendes.

Le surplus des dites amendes sera attribué aux communes sur le territoire desquelles les infractions auront été commises.

9. Le père, la mère, le tuteur et les maîtres sont civilement responsables des contraventions commises par leurs enfants mineurs non mariés, pupiles demeurant avec eux et domestiques, sauf tout recours de droit. Cette responsabilité sera réglée conformément à l'art. 1384 du Code Napoléon, sans pouvoir donner lieu à la contrainte par corps.

10. L'article 463 du Code pénal ne sera pas

applicable aux contraventions prévues par le présent arrêté.

11. La chasse autre que celle des oiseaux est interdite, même aux propriétaires ou possesseurs, sur leurs terres non closes, depuis le premier octobre jusqu'au trente avril.

12 Sont abrogées, seulement en ce qu'elles peuvent avoir de contraire au présent arrêté, toutes dispositions des ordonnances, décrets, arrêtés ou règlements antérieurs sur la matière.

13. Le Procureur général et le Directeur de l'intérieur sont chargés, chacun en ce qui le concerne, de l'exécution du présent arrêté, qui sera lu, enregistré et publié partout où besoin sera.

Fait à Saint-Denis, le 8 juillet 1862.

Baron DARRICAU.

Par le Gouverneur :

Le Procureur Général,   *Le Directeur de l'Intérieur,*
Justin Beret.   Ch. de Lagrange.

Enregistré à la Cour Impériale, le 21 novembre 1862.

Nº 1273. — *ARRÊTÉ qui abroge le tarif annexé à l'arrêté du 16 juin 1860 portant règlement sur les poursuites en matière de contributions directes et fixe le tarif qui le remplace.*

Du 18 Octobre 1862.

Nous Gouverneur de l'ile de la Réunion,

Vu l'arrêté du 16 juin 1860 portant règlement sur les poursuites en matière de contributions directes ;

Considérant que l'expérience a fait sentir la nécessité de modifier sur quelques points de détail le tarif annexé à l'arrêté sus-dit ;

Sur le rapport du Directeur de l'Intérieur,

AVONS ARRÊTÉ ET ARRÊTONS :

Art. 1er. Le tarif annexé à l'arrêté du 16 juin 1860 portant règlement sur les poursuites en matière de contributions directes est abrogé et remplacé par le tarif ci-joint.

2. Le Directeur de l'Intérieur est chargé de l'exécution du présent arrêté, qui sera publié, enregistré et inséré au *Bulletin officiel* de la Colonie.

Saint-Denis, le 18 octobre 1862.

Baron DARRICAU.

Par le Gouverneur :

Le Directeur de l'Intérieur,
CH. DE LAGRANGE.

	1er jour. { Salaire........ 3 » }
2e jour. — Salaire........ 3 50	
3e jour { P.-v. p. original* 2 50 ou 3 50 } { Idem copie.. 2 50 3 50 } { Témoins....... 2 » } { Timbre........ 0 50 }	* 3 ou 5, suivant les distances.

3° Saisie-brandon.

Procès-verbal de saisie-brandon au saisi, quand il est domicilié dans la commune où la saisie a eu lieu :							
Original..	3	50	4	50			
Copie...	3	50	4	70			
Copie au gardien du séquestre....................	1	»	1	»			
Copie au Maire de la commune où la saisie a eu lieu	1	»	1	»			
Papier..	»	»	»	»	1	»	
Enregistrement.. { pour 1 acte au-dessous de 100f	»	»	»	»	»	»	» »
{ pour 1 acte de 100f et au dessus	»	»	»	»	»	»	2 »
Si la partie ne demeure pas dans la commune où la saisie a été faite ou n'y est pas représentée, il lui est fait une signification de la saisie :							
Original..	2	»	2	»			
Copie	2	»	2	»			
Papier..	»	»	»	»	»	50	
Enregistrement.. { pour 1 acte au-dessous de 100f	»	»	»	»	»	»	» »
{ pour 1 acte de 100f et au-dessus	»	»	»	»	»	»	2 »

Désignation					Enr.		Observations
Dénonciation au saisi et assignation en validité.							
Original	4	»	4	»			
Copie	1	»	1	»			
Copie de pièces	1	»	1	»			
Papier	»	»	»	»	»	50	
Enregistrement.. { pour 1 acte au-dessous de 100ᶠ	»	»	»	»	»	»	Tarif de Paris doublé dans la colonie.
{ pour 1 acte de 100ᶠ et au-dessus	»	»	»	»	2	»	
Dénonciation au tiers-saisi de demande en validité.							
Original	4	»	4	»			
Copie	1	»	1	»			
Copie de pièces	1	»	1	»			
Papier	»	»	»	»	»	50	
Enregistrement.. { pour 1 acte au-dessous de 100ᶠ	»	»	»	»	»	»	Tarif de Paris doublé dans la colonie.
{ pour 1 acte de 100ᶠ et au-dessus	»	»	»	»	2	»	
Assignation au tiers-saisi pour la déclaration affirmative.							
Original	4	»	4	»			
Copie	1	»	1	»			
Papier	»	»	»	»	»	50	
Enregistrement.. { pour 1 acte au-dessous de 100ᶠ	»	»	»	»	»	»	
{ pour 1 acte de 100ᶠ et au-dessus	»	»	»	»	2	»	
3° Saisie-exécution.							
Procès-verbal de saisie. { Original	2	50	3	50			
{ Copie	2	50	3	50			
Salaire de deux témoins	2	»	2	»			
Papier	»	»	»	»			
Enregistrement.. { pour 1 acte au-dessous de 100ᶠ	»	»	»	»	(¹) »	50	
{ pour 1 acte de 100ᶠ et au-dessus	»	»	»	»	2	»	
6° Exploit d'opposition sur le prix de la vente des objets saisis antérieurement :							
Original	2	»	2	»			
Copie au premier saisissant	1	»	1	»			
Copie à l'huissier	1	»	1	»			
Papier	»	»	»	»	»	75	
Enregistrement.. { pour 1 acte au-dessous de 100ᶠ	»	»	»	»	»	»	
{ pour 1 acte de 100ᶠ et au-dessus	»	»	»	»	2	»	
6° bis. Sommation au saisissant par le percepteur opposant, de faire vendre dans la huitaine :							
Original	2	»	2	»			
Copie	2	»	2	»			
Papier	»	»	»	»	»	50	
Enregistrement.. { pour 1 acte au-dessous de 100ᶠ	»	»	»	»	»	»	
{ pour 1 acte de 100ᶠ et au-dessus	»	»	»	»	2	»	
Procès-verbal de rébellion.							
Papier et enregistrement	»	»	»	»	»	25	En débet
Frais d'expropriation immobilière.							
Procès-verbal de carence.							
Original	2	50	3	50			
Copie (double original)	2	50	3	50			
Papier libre	»	»	»	»			
Salaire de deux témoins	2	»	2	»			
Enregistrement.. { pour 1 acte au-dessous de 100ᶠ	»	»	»	»	»	»	En débet
{ pour 1 acte de 100ᶠ et au-dessus	»	»	»	»	»	»	En débet

(¹) ...ere sera payée 1 f. en sus.

(2) ou 25 centimes si le gardien n'a pas réclamé de copie.

NATURE DES ACTES DE POURSUITES.	PRIX DES ACTES		COUT		OBSERVATIONS.
	dans un rayon de 1 kilom.	en dehors du rayon de 1 kilom.	du papier.	de l'enregistrement.	
Sommation avec frais...............	» 25	» 50			La sommation avec frais n'est soumise ni au timbre ni à l'enregistrement (art. 82 de l'arrêté du 16 juin 1860).
Commandement.					
Original..............................	1 »	2 »			
Copie.................................	1 »	2 »			
Papier................................	» »	» »	» 50		
Enregistrement.. { pour 1 acte au-dessous de 100f	» »	» »	» »	» »	
{ pour 1 acte de 100f et au-dessus	» »	» »	» »	2 »	
1° Saisies et Oppositions.					
Sommation à un détenteur de deniers affectés au privilége du trésor.					
Original..............................	1 50	2 50			
Copie.................................	1 50	2 30			
Papier................................	» »	» »	» 50		
Enregistrement.. { pour 1 acte au-dessous de 100f	» »	» »	» »	» »	
{ pour 1 acte de 100f et au-dessus	» »	« »	» »	2 »	
2° Saisie-Arrêt.					
Exploit de saisie-arrêt au tiers-saisi.					

NATURE DES ACTES DE POURSUITES.	PRIX DES ACTES		COUT		OBSERVATIONS.
	dans un rayon de 1 kilom.	en dehors du rayon de 1 kilom.	du papier.	de l'enregistrement.	
Copie au gardien, quand ce n'est pas le saisi......	» 75	» 75			(*) ou 75 centimes, s'il y a en copie au gardien.
Papier....................	» »	» »	» 50(*)		
Salaire de deux témoins....................	2 »	2 »	» »		
Enregistrement.. { pour 1 acte au-dessous de 100f	» »	» »	» »	» »	
{ pour 1 acte de 100f et au-dessus	» »	» »	» »	2 »	
Quand la saisie-exécution aura lieu hors du domicile et en l'absence du saisi (article 602 du Code de procédure civile), il sera dû pour la signification au saisi du procès verbal de saisie :					
Original....................	2 »	2 »			
Copie....................	2 »	2 »			
Papier....................	» »	» »	» 50		
Enregistrement.. { pour 1 acte au-dessous de 100f	» »	» »	» »	» »	
{ pour 1 acte de 100f et au-dessus	» »	» »	» »	2 »	
4° Saisie interrompue pour cause de libération.					*Libération le jour même.*
Le premier jour, procès-verbal :					Original.................... 2 »
					Copie.................... 2 »
Original....................	2 »	2 »			Témoins.................... 2 »
Copie....................	2 »	2 »			Salaire.................... 3 »
Salaire de deux témoins....................	2 »	2 »			Timbre.................... 0 30
Salaire du porteur de contraintes....................	3 »	3 »			9 30
Papier....................	» »	» »	» 50		*Libération*
					le lendemain ou le surlendemain.
Le deuxième jour, procès-verbal :					Original de la première partie.... 2 »
					Original de la deuxième partie... 3 »

NATURE DES ACTES DE POURSUITES.	PRIX DES ACTES		COÛT		OBSERVATIONS.
	dans un rayon de 1 kilom.	en dehors du rayon de 1 kilom	du papier.	de l'enregistrement.	
Frais pour parvenir à la vente et frais de vente.					
1° En suite de saisie-exécution. — Frais de gardien.					
Huit premiers jours (par jour)	3 »	3 »			
Jours suivants (par jour)	2 »	2 »			
Procès-verbal de récolement avant la vente (il n'est pas donné copie)	2 »	2 »			
Papier	» »	» »	» 25		
Enregistrement.. } pour 1 acte au-dessous de 100f	» »	» »	» »	» »	
} pour 1 acte de 100f et au-dessus	» »	» »	» »	2 »	
Salaire de deux témoins	2 »	2 »			
Procès-verbal d'apposition d'affiche auquel sera joint l'original de l'affiche	1 50	1 50			
Original d'affiches et placards, manuscrits	1 »	1 »			
Prix de chaque affiche (4 ou 5, suivant le cas)	» 50	» 50			
Papier pour les affiches (par feuille)	» »	» »	» 25		
Enregistrement	» »	» »	» »	2 »	
Déclaration au bureau de l'enregistrement avant la vente et rédaction de l'extrait de cette déclaration	» 50	» 50			
Papier	» »	» »	» 25		
Transport des effets saisis au lieu de vente	Mémoire				
Procès-verbal de vente (original seulement, copie ne devant être délivrée que sur la demande de la partie intéressée), par jour	3 »	5 »			
Papier	» »	» »	» 25		
Enregistrement	» »	» »	» »	Mémoire	
Copie du procès-verbal de vente lorsqu'elle sera demandée par le saisi (pour chaque journée de vente)	1 »	1 »			
Papier	» »	» »	» 25		
Frais d'insertion de l'annonce dans la feuille officielle de la Colonie. (')					
2° En suite de saisie-brandon.					
Mêmes taxes que pour la vente en suite de saisie-exécution, déduction faite du salaire des témoins dont l'assistance n'est pas prescrite					
Actes extraordinaires.					
1° Procès-verbal de récolement en cas de saisie exécutée antérieurement et sommation au premier saisissant de vendre :					
Original	3 »	3 »			
Copie au gardien	» 75	» 75			
Copie au saisi	» 75	» 75			
Salaire de deux témoins	2 »	2 »			
Papier (trois feuilles)	» »	» »			
Enregistrement.. } pour 1 acte au-dessous de 100f	» »	» »	» 75	» »	
} pour 1 acte de 100f et au-dessus	» »	» »	» »	2 »	
2° Même procès-verbal de récolement en cas de saisie-brandon antérieure :					
Original	3 »	3 »			
Copie au gardien	» 75	» 75			
Copie au saisi	» 75	» 75			
Copie au premier saisissant	» 75	» 75			
Papier	» »	» »			
Enregistrement.. } pour 1 acte au-dessous de 100f	» »	» »	1 »	» »	
} pour 1 acte de 100f et au-dessus	» »	» »	» »	2 »	
3° Procès-verbal de renvoi de vente à un jour autre que celui indiqué dans le procès-verbal de saisie-exécution :					
Original	1 50	1 50			
Copie à la partie	» 50	» 50			
Copie au gardien	» 50	» 50			

(') 0f 015m par lettre. Lorsque les avis seront répétés dans les gazettes successives, le prix des 2e, 3e, etc. insertions ne sera que moitié du prix de la 1re. — Les nombres et dates seront exprimés en chiffres et les abréviations d'usage dans les qualifications des personnes seront employées. (Arrêté portant tarif des frais d'impression, en date de 3 mai 1827. — *De Nanteuil*, page 645, volume 2.)

NATURE DES ACTES DE POURSUITES.	PRIX DES ACTES dans un rayon de 4 kilom.	en dehors du rayon de 4 kilom.	COUT du papier.	de l'enregisment.	OBSERVATIONS.
Papier.................	» »	» »	» 75		
Enregistrement.. { pour 1 acte au-dessous de 100f	» »	» »	» »	» »	
pour 1 acte de 100f et au-dessus	» »	» »	» »	2 »	
3° bis. Sommation à la partie saisie non domiciliée dans le dit quartier et non présente, de se trouver à la vente le jour indiqué au procès-verbal de renvoi :					
Original.................	2 »	2 »			
Copie.................	2 »	2 »			
Papier.................	» »	» »	» 50		
Enregistrement.. { pour 1 acte au-dessous de 100f	» »	» »	» »	» »	
pour 1 acte de 100f et au-dessus	» »	» »	» »	2 »	
N. B. On allouera en outre à l'agent de poursuites ceux des frais qu'il aura faits pour parvenir à la vente, selon le tarif ci-dess s.					
4° Procès-verbal de renvoi de vente sur saisie-brandon.					
Original.................	1 50	1 50			
Copie à la partie si elle réside dans le quartier ou si elle est présente.................	» 50	» 50			
Copie au gardien du séquestre.................	» 50	» 50			
Copie au Maire.................	» 50	» 50			
Papier.................	» »	» »	1 »		
Enregistrement.. { pour 1 acte au-dessous de 100f	» »	» »	» »	» »	
p ur 1 acte de 100f et au-d ssus	» »	» »	» »	2 »	
4° bis. Sommation à la parti sa sie-brandonnée non domiciliée dans la commune ou n n présente, de se trouver à la vente le jour indiqué par le procès-verbal :					
Original.................	2 »	2 »			
Copie.................	2 »	2 »			
Papier.................	» »	» »	» 50	» »	

N° 1274. — Par arrêté du Gouverneur en date du 15 novembre 1862, il est établi aux Trois-Bassins, commune de Saint-Leu, une école dirigée par trois frères de la Doctrine chrétienne.

Une somme de 4,200 francs est allouée à l'Institut des frères des Écoles chrétiennes à titre de subvention pour les frais de déplacement des frères et ceux de premier établissement auquel donnera lieu la création de cette école.

Cette dépense sera imputée sur le crédit prévu au budget du service local, pour loyers et ameublement des écoles: Article 5, chapitre 2, matériel.

N° 1275. — *ARRÊTÉ concernant les professeurs titulaires du Lycée et les charges de cours publics.*

Du 17 Novembre 1862.

NOUS GOUVERNEUR DE L'ILE DE LA RÉUNION,

Vu l'article 9 du sénatus-consulte du 3 mai 1854 ;

Vu l'article 104, § 42, de l'ordonnance de 1825:

Vu le rapport de l'Inspecteur de l'instruction publique en date du 10 de ce mois ;

Vu la délibération de la Commission d'instruction publique dans sa séance du 11 de ce mois :

Sur le rapport du Directeur de l'intérieur.

AVONS ARRÊTÉ ET ARRÊTONS :

Art. 1er. Les professeurs titulaires du Lycée Impérial sont choisis parmi les fonctionnaires de l'Université pourvus du grade de licencié.

2. Les chargés de cours sont pris parmi les maîtres-répétiteurs et les maîtres élémentaires.

Ils sont nommés à la suite d'un concours dont la forme et le programme sont déterminés par un règlement, discuté en Commission d'instruction publique et approuvé par le Directeur de l'intérieur.

3. Les chargés de cours reçoivent les deux tiers du traitement tant fixe qu'éventuel d'un professeur titulaire de 3ᵉ classe. Ils peuvent obtenir, après trois années de service au Lycée , un congé de six mois ou d'un an pour aller en France prendre le grade de licencié.

4. Il sera organisé dans le Lycée des conférences pour préparer , soit à la licence ès-lettres , soit à la licence ès-sciences, les maîtres qui en feraient la demande.

Un règlement délibéré par la Commission d'instruction publique et approuvé par le Directeur de l'intérieur pourvoira à l'exécution de cette mesure.

5. Le Directeur de l'intérieur est chargé de l'exécution du présent arrêté , qui sera enregistré où besoin sera, publié et inséré au *Bulletin officiel* de la Colonie.

Saint-Denis , le 17 novembre 1862.

Baron DARRICAU.

Par le Gouverneur :

Le Directeur de l'Intérieur .

CH. DE LAGRANGE.

Nᵒ 1276. — *ARRÊTÉ qui proroge la durée de la session du Conseil général.*

Du 26 Novembre 1862.

NOUS GOUVERNEUR DE L'ILE DE LA RÉUNION ,

Vu l'article 7 du décret du 26 juillet 1854 concernant l'organisation des Conseils généraux des colonies ;

Sur le rapport du Directeur de l'intérieur.

Avons arrêté et arrêtons :

Art. 1er. La durée de la session ordinaire du Conseil général pour 1862 est prorogée jusqu'au vendredi 5 décembre prochain.

2. Le Directeur de l'intérieur est chargé de l'exécution du présent arrêté, qui sera publié et inséré au *Bulletin officiel* de la Colonie.

Saint-Denis, le 26 novembre 1862.

Baron DARRICAU.

Par le Gouverneur :

Le Directeur de l'Intérieur,

CH. DE LAGRANGE.

N° 1277. — *ARRÊTÉ qui accepte la démission offerte par M. Wislez de ses fonctions de membre du Conseil général et convoque le Conseil municipal de Saint-Paul à l'effet d'élire son remplaçant.*

Du 28 Novembre 1862.

Nous Gouverneur de l'île de la Réunion,

Vu l'article 12 du sénatus-consulte du 3 mai 1854, qui règle la constitution des colonies ;

Vu les articles 2 et 5 du décret impérial du 26 juillet 1854 portant règlement d'administration publique sur l'organisation des conseils généraux des colonies ;

Vu l'arrêté local du 23 décembre 1854 concernant le mode d'élection des membres du Conseil général ;

Vu la lettre de M. Wislez par laquelle il donne sa démission de membre du Conseil général ;

Sur le rapport du Directeur de l'intérieur,

Avons arrêté et arrêtons :

Art. 1er. La démission offerte par M. Wislez

de ses fonctions de membre du Conseil général est acceptée.

2. Les membres du Conseil municipal de Saint-Paul, constitués en collége électoral, sont convoqués pour le 1er décembre à l'effet de procéder à l'élection d'un membre du Conseil général en remplacement de M. Wislez.

3. Le Directeur de l'intérieur est chargé de l'exécution du présent arrêté, qui sera inséré et publié partout où besoin sera.

Saint-Denis, le 28 novembre 1862.

Baron DARRICAU.

Par le Gouverneur :

Le Directeur de l'Intérieur,

CH. DE LAGRANGE.

N° 1278. — Par décision de l'Ordonnateur et du Directeur de l'intérieur, en date du **26** novembre **1862**, approuvée par le Gouverneur, les officiers de santé de la Marine sont répartis ainsi qu'il suit entre les différents services auxquels ils ont à donner leurs soins ;

SAVOIR :

NOMS ET GRADES.	EMPLOI.
MM. Arnaud, chirurgien principal de la marine, chef du service de santé par intérim.	Direction supérieure de tout le service médical ; Service de l'hôpital militaire de Saint-Denis ; Service de l'hôpital colonial de Saint-Denis ; Service de la léproserie.
Coquerel, chirurgien de 1re classe.	Service de l'hôpital militaire de Saint-Denis ; Service du lycée ; Service des lieux d'isolement des immigrants.

NOMS ET GRADES.	EMPLOI.
MM. Lataud, chirurgien de 2e classe.	Service sanitaire de la rade de Saint-Denis; Service de l'hôpital colonial; Service des compagnies d'artillerie et de gendarmerie; Service des prisons (à défaut de M. Herland).
Mac-Auliffe, chirurgien de 2e classe.	Service de la prévôté de l'hôpital militaire de Saint-Denis.
Cassien, chirurgien de 2e classe.	Service de l'hôpital thermal de Salazie.
Thoraval, chirurgien de 2e classe.	Service de l'hôpital militaire de Saint-Paul.
Gaudin, chirurgien de 2e classe, aide-major au 4e régiment d'infanterie de marine.	Service de l'infanterie de marine; Service de la compagnie indigène d'ouvriers du génie au Butor; Service de la convalescence militaire de Saint-François; Service de la 4e compagnie disciplinaire (à défaut de M. Herland, chirurgien de 2e classe).
Herland, chirurgien de 2e classe (payé par le service local).	Service des lazarets; *En dehors des lazarets:* Service des prisons Service de l'hôpital colonial; Service des fonctionnaires, officiers et employés malades à domicile; Service de la 4e compagnie disciplinaire.
Béliard, chirurgien de 3e classe.	Service de l'hôpital militaire de Saint-Denis.
Lartigue, chirurgien de 3e classe.	Service de l'hôpital militaire de Saint-Denis.
Gaubert, chirurgien de 3e classe.	Service de l'hôpital militaire de Saint-Denis.
Bories, pharmacien de 1re classe de la marine.	Service de l'hôpital militaire de Saint-Denis. (Direction du service pharmaceutique.)

NOMS ET GRADES.	EMPLOI.
MM.	
Audier, pharmacien de 2e classe de la marine.	Service de l'hôpital militaire de Saint-Paul.
Bories, pharmacien de 2e classe de la marine.	Service de l'hôpital militaire de Saint-Denis.
Funold, pharmacien auxiliaire de 3e classe. .	Service de l'hôpital militaire de Saint-Denis.

Nº 1279. — *MERCURIALE des denrées et productions coloniales, d'après laquelle la Douane aura à percevoir les droits de sortie pendant le mois de novembre 1862.*

NATURE DES DENRÉES ET DES PRODUCTIONS DE L'ILE DE LA RÉUNION.	ESPÈCE des unités.	PRIX.	
Denrées coloniales.		F.	C.
Café....................................	les 100 kil.	160	»
Cacao...................................	id.	100	»
Épices diverses.. { Pimens.... / Ravensara . }	id.	100	»
Girofle (clous de)....................	id.	60	»
Girofle (griffes de)	id.	15	»
Macis..................................	id.	225	»
Muscades...............................	id.	100	»
Miel de toute sorte.................. ..	le litre	1	75
Vanille................................	le kilogram.	22	»
Sucre premier type.....................	les 100 kil.	55	»
Sucre deuxième type....................	id.	48	»
Sucre troisième type...................	id.	25	»
Pommes de terre et oignons.............	id.	15	»
Légumes secs...........................	id.	25	»
Produits industriels.			
Chocolat...	id.	250	»
Huile essentielle de girofle.............	le litre	3	»
Sacs de vacou..	les 100 sacs	20	»

Fait à Saint-Denis, le 28 octobre 1862.

Les Membres de la Commission présents,

Signé: BRIENNE, directeur, CARTIER, GAMIN, BERTHO, HUSSON et LHUILLIER.

Approuvé en séance du Conseil privé, le 3 novembre 1862.

Le Gouverneur,
Baron DARRICAU.

Par le Gouverneur :

Le Directeur de l'Intérieur,
CH. DE LAGRANGE.

Nº 1280. — *MERCURIALE des marchandises étrangères, d'après laquelle la Douane aura à percevoir les droits d'entrée pendant le mois de novembre 1862.*

DÉSIGNATION DES MARCHANDISES.	UNITÉS.	PRIX.	DROITS par navires français.	par navires étranger
		f. c		
Tortues { des Seychelles...	Le kilog.	75	exempt	10 %
Tortues { de Madagascar...	La tête	1	Id.	Id.
Gibier, volailles...........	Id.	1 25	Id.	Id
Dindons et poules d'Inde..	Id.	5	Id.	Id.
Oies......................	Id.	4	Id.	Id.
Canards..................	Id.	2	Id.	Id.
Loine en masse pour matelas	Le kilog.	2	20 %	30 %
Nattes de jonc et d'écorce......	La pièce	3	6 %	10 %
Nattes pour parquets en rotin....	Le m. carré	6	Id.	Id.
Nattes pour parquets en bambou ..	Id.	4	Id.	Id.
Nattes Persiennes en rotin.. ..	Id.	6	6 %	Id.
Nattes Persiennes en bambou...	Id.	4	Id.	Id.
Nattes fines.................	La pièce	2	Id.	Id.
Nattes communes............	Id.	1	Id.	Id.
Vannerie. — Paniers en rotin à linge................	Id.	12	Id.	Id.
Chaudieres de fonte et de potin...			15 %	25 %
Moulins à égrener.........			Id.	Id.
Pompes en bois non garnies.			Id.	Id.
Voitures à quatre roues { riches. ...	Id.	3500	20 %	30 %
Voitures à quatre roues { ordinaires.	Id.	2500	Id.	Id.
Cabriolets { riches.........	Id.	1500	Id.	Id.
Cabriolets { ordinaires.....	Id.	1000	Id.	Id.
Objets de collection.......	Id.		1 %	2 %
Babarets en bois laqué, avec dessins en or, du Japon.	Id.		12 %	prohib.
Balais en crins de coco, manche bambou.........	La douzaine	18	Id.	Id.
Bateaux chinois, en racine de bambou, avec sculptures représentant personnages..................	La pièce	30	Id.	Id.
Bateaux en ivoire, représentant les bateaux de plaisance des Chinois........	Id.	100	Id.	Id.
Bandéges en bambou peint.	Le jeu de 3	9	Id.	Id.
Boîtes à whist et jetons en ivoire sculpté.... { 1re qualité	La boîte	50	Id.	Id.
Boîtes à whist et jetons en ivoire sculpté.... { 2e idem.	Id.	20	Id.	Id.
Boîtes en bois rouge, laquinées, avec sculptures (petites ou moyennes)...	Id.	15	Id.	
Boîtes de coquillages.....	Id.	5	Id.	
Boîtes à insectes, cadres en verre, contenant toutes				Id. Id

DÉSIGNATION DES MARCHANDISES.	UNITÉS.	PRIX.	DROITS	
			par navires français.	par navires étrangers.
		f. c.		
sortes d'insectes.........	La boîte		12 %	prohib.
Boîtes recouvertes d'un tissu de soie, contenant peintures, pinceaux, etc.......	Id.	15	Id.	Id.
Boîtes jeux d'enfants, en carton ou bois peint contenant petits instruments en cuivre, etc..........	Id.	12 50	Id.	Id.
Boîtes à mouchoirs, en bois laqué, dessins de personnages et de fleurs en or...	Id.	15	Id.	Id.
Boîtes à thé en bois laqué, dessins, etc. ordinaires.		10		
Boîtes à thé en bois laqué, dessins, etc. à 2 compartiments, riches...	Id.	35	Id.	Id.
Boîtes à thé en bois laqué, dessins, etc. à 4 compartiments.	Id.	50	Id.	Id.
Boîtes à ouvrage, en bois laqué, dessins en or sur or, garnis en ivoire ou en os.	Id.	60	Id.	Id.
Boîtes communes à ouvrage.	Id.	20	Id.	Id.
Boîtes à cigares, en bois laqué, dessins en or sur or, l'intérieur garni d'une boîte en plomb............	Id.	6	Id.	Id
Boîtes à jeu, en bois laqué, dessins en or sur or......	Id.	48	Id.	Id.
Boîtes à tabac à fumer, en cuivre, avec incrustations de nacre du Japon.......	Id.	20	Id.	Id.
Boîtes à priser, en cuivre, avec incrustations de nacre du Japon.............	Id.	20	Id.	Id.
Boîtes à francs-maçons, cadres en bois avec incrustations de nacre du Japon..	Id.	60	Id.	Id.
Albums de 12 feuilles....		18	Id.	Id.
Albums de 24 feuilles....		30	Id.	Id.
Boîtes contenant 10 tasses en bois, bois laqué, servant de tasses à thé, avec incrustations de nacre du Japon.................	Id.	30	Id.	Id.
Bonnets de mandarins, toques en velours, garnis en soie, boutons de diverses couleurs...............	La pièce	8	Id.	Id.
Cabarets en laque rouge...	Id.	10	Id.	Id.
Cabinets pour enfants, petites armoires à tiroirs, en				

DÉSIGNATION DES MARCHANDISES.	UNITÉS.	PRIX.	DROITS	
			par navires français.	par navires étrangers
bois laqué, avec dessins en or...	La pièce	f. c. 40	12 %,	prohib.
Cages à oiseaux en rotin très fin imitant le fil de fer....	Le jeu de 4	10	Id.	Id.
Chapelets noirs faits en noix de coco du Japon........	La pièce	10	Id.	Id.
Cahiers en ivoire, peints, représentant figures et costumes chinois..........				Id. Id.
Casse-têtes, en bois de sandal, en os ou en ivoire...	Id.	5	Id.	
Cassettes incrustées de pierres de Nankin, représentant des personnages, etc....	Id.	125	Id.	Id.
Colliers en bois de sandal..	Le kilog.	20	Id.	Id.
Corbeilles à pain, en bois laqué, avec dessins en or.............. { laque noire.	Le jeu de 3	12	Id.	Id.
{ laque rouge.	Id.	25	Id.	Id.
Couverts chinois, composés du couteau, des 2 bâtons et de cure-dents en os ou en ivoire................	La pièce	2 50	Id.	Id.
Couteaux à beurre. en ivoire ou en nacre, manche sculpté.................	Id.	7 50	Id.	Id.
Cuillers à thé, en bois laqué, avec incrustations en nacre du Japon.........	Id.	1	Id.	Id.
Cuillers à moutarde, en nacre ou en ivoire........	Id.	2	Id.	Id.
Echiquiers en bois laqué, dessins en or sur or......	Id.	12 50	Id.	Id.
Ecrans en plumes coloriées et à manche d'ivoire......	Id.	6	Id.	Id.
Ecrans en tissus de soie, manche en ivoire sculpté.	Id.	10	Id.	Id.
Encre chinoise.............	Les 6 bât.	5	Id.	Id.
Encriers en bois laqué, avec dessins en or...........	La pièce	10	Id.	Id.
Enseignes en bois laqué, avec dessins en or......	Id.	200	Id.	Id.
Etuis en ivoire sculpté, représentant personnages. { petits..	Id.	1	Id.	Id.
{ grands.	Id.	5	Id.	Id.
Eventails de toutes sortes, avec dessins en or sur or. { en os.....	Id.	5	Id.	Id.
{ en plumes.	Id.	8	Id.	Id.
{ en laque..	Id.	12	Id.	Id.
{ en sandal.	Id.	15	Id.	Id.
{ en ivoire..	Id.	20	Id.	Id.

DÉSIGNATION DES MARCHANDISES.	UNITÉS.	PRIX.	DROITS	
			par navires français.	par navires étrangers.
		f. c.		
Feuilles de bétel peintes et représentant fleurs, oiseaux, personnages, etc.	La boîte	6	12 %,	prohib.
Feuilles de papier de riz peintes, représentant fleurs, oiseaux, personnages, etc.	Le c. de 12 f.	25	Id.	Id.
Fiches en ivoire et en nacre.	Le jeu	50	Id.	Id.
Fleurs en ivoire..........	La d. de pots	75	Id.	Id.
Jeux d'échecs en ivoire ou en os, simples, non montés sur boules..........	Le jeu	15	Id.	Id.
Jeux d'échecs en ivoire, montés sur boules en ivoire les unes dans les autres.	Id.	80	Id.	Id.
Jeux d'échecs en ivoire (1re grandeur), dits montres.	Id.	400	Id.	Id.
Jeux de fiches en nacre, avec dessins imprimés ou sculptés....................	Id.	25	Id.	Id.
Jeux de bagues en os ou en ivoire..................	Id.	3	Id.	Id.
Jeux diablotins en os ou en ivoire..................	Id.	3	Id.	Id.
Joss-tick, allumettes composées de sciure de bois et colle de fiente de vache ..	Le kilog.	2 50	Id.	Id.
Joss-tick à odeur sandal, allumettes composées de sciure de bois de sandal et colle de fiente de vache..	Id.	5	Id.	Id.
Instruments de musique (espèce de guitare).........	La pièce	4	Id.	Id.
Espéce de fauteuils à tiroirs en bambou.............	Id.	30	Id.	Id.
Lanternes chinoises en tissu de soie extrêmement léger, peintures diverses { carrées. { rondes.	Id. Id.	20 5	Id. Id.	Id. Id.
Malles en carton, composition carton peint et verni imitant le cuir..........	Le jeu de 5	40	Id.	Id.
Malles de camphre, en bois de camphre, recouvertes en cuir, pour la conservation des habits et du linge....................	Id.	200	Id.	Id.
Malles de camphre, en bois de camphre, avec coins en cuivre, sans cuir........	Id.	150	Id.	Id.

DÉSIGNATION DES MARCHANDISES.	UNITÉS.	PRIX.	DROITS	
			par navires français.	par navires étrangers.
		f. c.		
Mousse du Japon..........	Le kilog.	5	12 °/.	prohib
Paniers en écaille travaillée à jour	La pièce	70	Id.	Id.
Paniers à linge , en petit rotin fendu en plusieurs parties...................	Le jeu de 3	30	Id.	Id.
Parapluies chinois en papier peint et huilé , manches bambou	La pièce	3	Id.	Id.
Paravents , bordure en laqué , fond en papier... .	Id.	60	Id.	Id.
Petits bateaux faits en noix de coco , et représentant les bateaux des Táncadaires.....	Id	5	Id.	Id.
Peignes en écaille (grands et petits)...............	Id.	5	Id.	Id.
Petits magots en pierre tendre et propres à détacher la soie..... ....·........ ..	Id.	2	Id.	Id.
Petits animaux en plâtre peint...................	Les mille	50	Id.	Id.
Petits garde-manger, l'extérieur garni de paille du Japon..................	La pièce	25	Id.	Id.
Persiennes en rotin très fin, dessins de toutes sortes..		4	Id.	Id.
Peintures sur papier de riz.	La feuille	2 50	Id.	Id.
Petits plateaux pour bouteilles, en bois laqué, dessins en or..............	La pièce	2	Id.	Id.
Pipes chinoises , tuyaux en bambou et rotin , pipes composition étain , cuivre, etc....................	Id.	2	Id.	Id.
Plateaux pour plats , en rotin tissé très fin........	Le jeu de 4 ou 5	5	Id.	Id.
Plateaux pour plats , en bois laqué avec dessins en or sur or..................	Id.	60	Id.	Id.
Porte-cartes de visites en écaille imprimée et incrustée , intérieur garni en soie................	La pièce	0	Id.	Id.
Porte-cartes de visites en ivoire sculpté..........	Id.	»	Id.	Id.
Porte-cartes de visites en nacre plaquée et incrustée.	Id	5	Id.	Id.
Porte-cartes en laque, avec dessins en or sur or.......	Id		d.	Id

DÉSIGNATION DES MARCHANDISES.	UNITÉS.	PRIX.	DROITS	
			par navires français.	par navires étrangers.
Porte-montres en bois laqué et dessins or sur or......	Le jeu de 4 ou 5	8	12 %	prohib.
Porte-joss-tick, sorte de bateaux en bois laqué contenant allumettes, intérieur garni de plomb.........	Id.	3	Id.	Id.
Porte-éventails en carton, extérieur garni en soie brodée.................	Id.	2	Id.	Id.
Porte-tabac en carton, extérieur garni en soie brodée...................	Id.	5	Id.	Id.
Porte-cigares { communs.	La pièce	3	Id.	Id.
Porte-cigares { fins.......	Id.	6	Id.	Id.
Poupées représentant des petits Japonais..........	Id.	5	Id.	Id.
Pupitres en bois laqué, dessins en or sur or.. { pour dames..	Id.	30	Id.	Id.
Pupitres en bois laqué, dessins en or sur or.. { pour hommes.	Id.	50	Id.	Id.
Pupitres en bois de racine, garniture extérieure en cuivre...................	Id.	60	Id.	Id.
Sacoches en ivoire, porte-flacons d'odeurs sculptés à jour....	Id.	20	Id.	Id.
Semainiers en ivoire, travaillés à jour et sculptés..	Id.	00	Id.	Id.
Semainiers en bois de sandal, avec incrustations riches....................	Id.	75	Id.	Id.
Semainiers en bois laqué avec incrustations riches.	Id.	12 50	Id.	Id.
Souliers chinois imitant les pieds des femmes chinoises, faits en plâtre et recouverts de soie.........	La paire	5	Id.	Id.
Tables en bambou........	Le jeu de 6	10	Id.	Id.
Tabatières en écaille, avec incrustations représentant personnages...............	La pièce	30	Id.	Id.
Tables-guéridons en bois laqué, dessins or sur or. Les tables entrent les unes dans les autres..........	Le jeu de 4	50	Id.	Id.
Tables à échiquier, avec dessins or très riches, garnies de nacre, pour les jetons..	La pièce	225	Id.	Id.
Tables à thé, en bois laqué, dessins en or sur or......	Id.	60	Id.	Id.

DÉSIGNATION DES MARCHANDISES.	UNITÉS.	PRIX.	DROITS par navires français.	par navires étrangers
		f. c.		
Tables à ouvrage, en bois laqué, dessins or sur or..... (1re qualité.	La pièce	175	12 °/₀	prohib.
2e idem..	Id.	100	Id.	Id.
Tableaux, intérieurs chinois, peintures sur toile représentant personnages, etc..................	Id.	20	Id.	Id.
Tableaux, vues de Canton, Macao, Boca, Tigris, etc., peintures sur toile.......	Id.	20	Id.	Id.
Tableaux, paysages chinois.	Id.	20	Id.	Id.
Tableaux sur verre, encadrement en bois sculpté..	Id.	10	Id.	Id.
Tableaux en paille de couleur, cadres en bois laqué du Japon..............	Id.	125	Id.	Id.
Vide-poches en écaille ou ivoire, sculptés à jour....	La paire	30	Id.	Id.
Toiles et percales blanches et écrues.... Conjons Nᵒˢ 14		22	20 °/₀	Id.
16	La pièce de	22	Id.	Id.
18 et 19	31 à 33	22	Id.	Id.
23	mètres et	30	Id.	Id.
26	au - des-	30	Id.	Id.
30	sous.	40	Id.	Id.
36		50	Id.	Id.
Ecrues......	La p. de 15 à 16 m.	7	Id.	Id.
Filature blanche et écrue..	Id.	6	Id.	Id.
Salem-poor................	Id.	7	Id.	Id.
Percale bleue, dite *sander-cana*..................	La p. de 8ᵐ et au-dessous.	4 50	Id.	Id.
Percale bleue ordinaire....			Id.	Id.
Toiles à carreaux...........	La p. de 15 à 16 m.	6	Id.	Id.
Mouchoirs dits *burgos*.....	La p. de 8 m.	2	Id.	Id.
Pantalons et chemises de toile grossière, servant au vêtement des travailleurs.	La pièce	1 50	Id.	Id.
Toiles à voiles, de coton...	Le mètre	0 70	Id.	Id.
Guinées ou toiles bleues (Filature.....	La p. de 15 à 16 m.	12 50	12 °/₀	Id.
Salem.......	Id.	8	Id.	Id.
Oréarpoléon.	Id.	8	Id.	Id.
Conjons.....	Id.	0	11	Id.
Meubles.. (Fauteuils à dossier renversé, de Pondichéry.	La pièce	20	10 °/₀	Id.
Fauteuils droits	Id.	15	Id.	Id.
Chaises........	Id.	6	Id.	Id.

DÉSIGNATION DES MARCHANDISES.	UNITÉS.	PRIX.	DROITS	
			par navires français.	par navires étrangers.
		f. c.		
Tabourets..............	La pièce	4	10 %	prohib.
Jouets d'enfants..........	Id.		Id.	Id.
Pantoufles de Pondichéry..	La paire	40	12 %	Id.
Peaux { de cabri de Pondichéry........	Les 100	75	6 %	
Peaux { de mouton de Pondichéry........	Id.	45	Id.	

Fait à Saint-Denis, le 28 octobre 1862.

Les Membres de la Commission présents,

Signé : BRIENNE, directeur, CARTIER, GAMIN, BERTHO, HUSSON et LHUILLIER.

Approuvé en séance du Conseil privé, le 3 novembre 1862.

Le Gouverneur,
Baron DARRICAU.

Par le Gouverneur :

Le Directeur de l'Intérieur,
CH. DE LAGRANGE.

N° 1277. — NOMINATIONS, PROMOTIONS, MUTATIONS ET MOUVEMENTS DIVERS.

Évêché.

— Par arrêté du Gouverneur en date du 3 novembre 1862, un congé a été accordé à M. l'abbé Lagoutte, curé de la paroisse de Bethléem, à l'îlette de Saint-Benoit.

— Par décision en date du 22 novembre 1862, M. l'abbé Dandrieux, curé titulaire de Bethléem, à l'îlette de Saint-Benoit, a été nommé en remplacement de M. l'abbé Lagoutte, qui a obtenu un congé.

— M. l'abbé Lambert, nommé vicaire-général en remplacement de M. l'abbé Levillain, et arrivé le 25 novembre 1862 à la Réunion, a pris ses fonctions à la date de ce jour.

M. l'abbé Nanninck, de retour de France à l'expiration de son congé, a repris le même jour ses fonctions de curé de l'Assomption, à Saint-Denis.

Administration Militaire.

— Par arrêté de M. le Gouverneur, en date du 15 novembre 1862, ont été nommés, sauf l'approbation de l'Empereur, dans la milice de Saint-Paul :

Au grade de Capitaine :

M. Lebreton (Théodore).

Au grade de Lieutenant :

MM. Riche (Gustave).
Boutin (Frédéric).

Au grade de Sous-Lieutenant :

MM. K/anval (Aimé-Pierre) :
Ponphily (François).

Administration de la Marine.

— Par dépêche ministérielle en date du 6
octobre 1862, n° 453, M . Audier et Bories,
pharmaciens de 2ᵉ classe de la Marine, sont
destinés à continuer leurs services à l'île de la
Réunion pendant trois ans, à compter du 20
septembre 1862.

— Par décret impérial en date du 10 octobre
1862, M. des Robert, commissaire de la Marine,
contrôleur colonial à la Réunion, a été nommé
Ordonnateur dans les établissements français de
l'Inde, en remplacement de M. le commissaire de
la Marine Moras, appelé à servir en France ; et
M. Jore, commissaire-adjoint de la Marine, contrôleur colonial dans les établissements français
de l'Inde, a été nommé aux mêmes fonctions à
la Réunion, en remplacement de M. des Robert.

—Par un autre décret impérial en date du même jour, M. Barlet, commis de Marine, a été
promu au grade d'aide-commissaire à l'ancien-
neté, pour servir à la Réunion.

— Par une décision du 19 octobre 1862, ont
été portés à la 1ʳᵉ classe de leur grade respectif:
MM. Gaudin de Lagrange, commissaire de la
          Marine.
     Graton, commissaire-adjoint.
     Le Clos, sous-commissaire.

— Par ordre de service de l'Ordonnateur,
en date du 1ᵉʳ novembre 1862, M. Darricau

(Rodolphe-Augustin), nommé écrivain de Marine par ordre du Gouverneur en date du 1er novembre, est appelé à servir au Secrétariat du Gouverneur.

— Par ordre de service de l'Ordonnateur, en date du 10 novembre 1862, M. Dières-Montplaisir, écrivain de Marine, désigné, sur sa demande, pour aller continuer ses services à Mayotte et dépendances, s'embarque sur la frégate l'*Hermione* pour se rendre à son poste.

— Par ordre de service de l'Ordonnateur, en date du 10 novembre 1862, M. Le Fol (Aristide), commis de Marine, s'embarque sur la *Perle*, pour aller continuer ses services à Sainte-Marie de Madagascar.

— Par ordre de service du Gouverneur, rendu le 19 novembre 1862 sur la désignation du Capitaine de Port et la proposition de l'Ordonnateur, le sieur Fort (Joseph), pilote côtier, ancien matelot de 1re classe, est nommé pilote du port de Saint-Denis, en remplacement du sieur Fourès, nommé maître de port.

— Par ordre de service de l'Ordonnateur, en date du 20 novembre 1862, pris en exécution d'une décision du Gouverneur, rendue en Conseil privé le 20 octobre 1862, M. Alliot-Préjardin, commis de Marine du service des ports, en congé dans la Colonie, et sa famille, s'embarquent sur le transport la *Nièvre*, pour rentrer en France.

— Par ordre de l'Ordonnateur, approuvé par le Gouverneur le 25 novembre 1862, M. Villette (Emile-Jules), nommé au grade de 2e médecin en chef au Sénégal, s'embarque comme passager sur le transport la *Nièvre*, pour se rendre à son poste.

— Par ordre de service de l'Ordonnateur, en date du 26 novembre 1862, approuvé par le Gouverneur, le Conseil de santé des hôpitaux militaires de la Colonie est composé comme suit :

MM. Arnaud , chirurgien principal de la Marine, chef du service par intérim, président ;

Coquerel , chirurgien de la Marine de 1re classe ;

Bories , pharmacien de la Marine de 1re classe.

— Par décision du Gouverneur prise le 26 novembre 1862, sur le rapport de l'Ordonnateur, M. Arnaud (François-Augustin-Bariste), chirurgien principal de la Marine, est nommé aux fonctions de Chef du service de santé par intérim à la Réunion , en remplacement de M. Villette , nommé médecin en chef au Sénégal.

Administration de l'Intérieur.

— Par décision de S. Exc. le Ministre de la Marine et des colonies en date du 7 octobre 1862 ,

MM. d'Esménard (Jean-Baptiste-Henri-Alfred), et Hubert (Charles-Antoine) ont été nommés chefs de bureau de 1re classe à la Direction de l'intérieur de la Réunion.

— Par arrêté du Gouverneur, en date du 5 novembre 1862, M. Ernest Manès a été nommé membre du Conseil municipal de la commune de Sainte-Marie, en remplacement de M. Mestres, décédé.

— Par arrêté du Gouverneur en date du 12 novembre 1862 ,

MM. Benjamin Bédier, propriétaire,
Jules Diomat,   id.,
Laure, docteur médecin,
Henry de Greslan, propriétaire,
sont nommés membres du Conseil municipal de la commune de Sainte-Suzanne, en remplacement : les deux premiers, de MM. Desprez et Sauger, décédés; et les deux derniers, de MM. Léon Deheaulme et Albert de Villèle, démissionnaires.

— Par arrêté du Gouverneur, en date du 15 novembre 1862, M. Jules Bédier a été nommé membre de la Chambre de Commerce, en remplacement de M. Léopold Gamin, non acceptant.

— Par arrêté du Gouverneur, en date du 17 novembre 1862,
Il est accordé à M. Loizeau (Domzilh), commis à la Direction de l'intérieur, un congé de convalescence pour France dont la durée sera déterminée par S. Exc. le Ministre de la Marine et des colonies.

— Par arrêté du Gouverneur, en date du 17 novembre 1862, M. Legras, conseiller à la Cour impériale, membre de la Commission chargée de l'examen des archives coloniales, est nommé président de la dite Commission en remplacement de M. Roux, parti pour la France, et M. Boullay, chef du service des contributions, est nommé membre de la même Commission en remplacement de M. Legras.

— Par sa décision en date du 19 novembre 1862, le Directeur de l'intérieur accepte la démission de M. Sellier, de ses fonctions d'aspirant répétiteur au Lycée impérial, à compter du 1er novembre 1862, et nomme M. Maître (François-Sully) en son remplacement.

— Par arrêté du Gouverneur, en date du 26 novembre 1862, M. Guillermin, conservateur des hypothèques à Saint-Pierre, est nommé membre du Conseil de curatelle de l'arrondissement judiciaire Sous-le-Vent, en remplacement de M. Lapotaire, appelé à exercer ses fonctions à Saint-Denis.

— Par arrêté du Gouverneur, en date du 26 novembre 1862, la démission offerte par M. Emile Périer d'Hauterive de son emploi de 1ᵉʳ commis de la Poste aux lettres est acceptée.

— Par arrêté du même jour, M. Jouanny (Martial-Marcelin) est nommé 1ᵉʳ commis de la Poste aux lettres en remplacement de M. Emile Périer d'Hauterive, démissionnaire.

— Par arrêté du Gouverneur, en date du 26 novembre 1862, MM. le Baron de Keating, secrétaire général à la Direction de l'intérieur; Merlin, Directeur du Génie; Godefroy, propriétaire, et Jacob de Cordemoy, docteur médecin, sont nommés membres du Jury d'Exposition en remplacement de MM. de Foucault, parti pour France, Ozoux, décédé, Ausset et Adolphe Richard, démissionnaires.

— Par arrêté du Gouverneur, en date du 28 novembre 1862, M. Garros est nommé membre du Conseil municipal de la commune de Sainte-Suzanne, en remplacement de M. Benjamin Bédier, non acceptant.

— Par arrêté du Gouverneur, en date du 28 novembre 1862, M. Gavarry (Aristide) est nommé, sauf l'approbation de S. Exc. le Ministre de la Marine et des colonies, commis à la Direction de l'intérieur, au traitement de deux-mille quatre cents francs par an, à compter du 17 novembre 1862.

— Par arrêté du Gouverneur, en date du 28 novembre 1862, M. Grimaud (J. B. Alexandre) a été nommé préposé-surveillant de la fabrication et de la vente des rhums.

Administration de la Justice.

— Conformément aux prescriptions de l'article 1er de l'ordonnance locale du 2 août 1824, M. Camille Charpentier, second commis greffier agréé par le Tribunal de 1re instance de Saint-Denis le 14 novembre 1862, a été inscrit au bureau des Revues en qualité de 1er commis greffier du même Tribunal, en remplacement de M. Toyon, démissionnaire.

— Par arrêté du Gouverneur, en date du 5 novembre 1862, enregistré à la Cour impériale de Saint-Denis le 8 du même mois,

Ont été nommés provisoirement :

Président du Tribunal de première instance de Saint-Pierre, en remplacement de M. Ribout, décédé, M. Bourette, juge au Tribunal de première instance de Saint-Denis ;

Juge au Tribunal de première instance de Saint-Denis, en remplacement de M. Bourette, M. Guy de Ferrières (Pierre-Charles-Henry), avocat.

Le même arrêté désigne M. Léo de Lanux, juge par intérim au Tribunal de première instance de Saint-Denis, pour remplir au même siége les fonctions de juge d'instruction.

— Par arrêté du Gouverneur, en date du 24 novembre 1862, enregistré à la Cour le 28 du même mois, M. de Villeneuve (Louis-Joseph-François-K/land), notaire à Saint-Pierre, a été nommé assesseur de l'arrondissement Sous-le-

Vent, en remplacement de M. Daboval qui a changé de résidence.

— Par arrêté du Gouverneur, en date du 24 novembre 1862, M. Fontaine (Alfred), commis au parquet du Procureur impérial de Saint-Pierre, a été nommé secrétaire du même parquet, en remplacement de M. Post (Paul), démissionnaire.

— Par décision du Procureur général, en date du 24 novembre 1862, M. Rivière (Médard-Alfred) a été nommé commis au parquet du Procureur impérial de Saint-Pierre, en remplacement de M. Fontaine.

CERTIFIÉ CONFORME :

Le Contrôleur colonial,

DES ROBERT.

www.ingramcontent.com/pod-product-compliance
Ingram Content Group UK Ltd.
Pitfield, Milton Keynes, MK11 3LW, UK
UKHW031738170726
13836UKWH00002B/738